BOURAHA,

HISTOIRE MALGACHE,

PAR M. MARRE DE MARIN.

EXTRAIT DU JOURNAL ASIATIQUE.

BOURAHA,

HISTOIRE MALGACHE.

———

Il n'existe, dans l'Océan Indien, en vue des côtes orientales de Madagascar, sur une étendue de plus de quatre cents
lieues, qu'une seule île de quelque importance : située à la
hauteur et vis-à-vis de la *Pointe-à-Larrée,* dont elle est séparée par un canal d'une lieue et un quart environ, elle
s'étend, en latitude sud, de 16° 37′ à 17° 6′ sur une longueur
d'une douzaine de lieues et une largeur moyenne de deux à
trois lieues. Cette île, sur laquelle flotte le drapeau de la
France, nous l'appelons *Sainte-Marie;* les Anglais l'appellent
à tort *Nossi-Ibrahim* (île d'Ibrahim); son véritable nom, celui
que lui donnent les indigènes et les Malgaches, c'est *Nossi-
Bouraha* (île de Bouraha) [1].

Bouraha est le nom d'un pêcheur de baleines fameux dans
les traditions betsimisarakas, et ce personnage n'a absolument
rien de commun avec Ibrahim ou Abraham. Le capitaine Ca-

———

[1] *Nosy,* en malgache, signifie «île»; *Nosi-Bé,* «île grande». Si ce dernier
nom, bien connu, a été donné à une île minime en comparaison de Madagascar, c'est que cette île elle-même, plus grande que la France, est appelée, en malgache, *Tani-Bé,* c'est-à-dire «la Grande-Terre».

1 .

rayon, alors qu'il était commandant par intérim de l'établissement français de Madagascar, ayant eu par hasard connaissance de l'histoire de *Bouraha*, l'a racontée dans une intéressante notice mise en tête de son *Histoire de l'établissement français de Madagascar pendant la Restauration*[1]. Il a pensé avec raison que, lorsqu'on étudie les temps reculés d'un pays sans monuments littéraires, on est bien forcé de recueillir avec soin les traditions orales comme des sources de connaissance et comme des matériaux pouvant servir à l'histoire d'une portion de l'humanité. Cette vérité générale doit s'appliquer tout particulièrement à Madagascar, pays qui est demeuré fermé jusqu'en 1865[2] aux recherches des géographes et des naturalistes, et dont les philologues français et européens ignorent complétement, encore aujourd'hui, l'idiome si curieux et si digne d'intérêt. L'histoire de *Bouraha*, telle que la raconte le capitaine Carayon, est écrite en un style qui appartient en propre à notre sympathique compatriote et diffère essentiellement du style des conteurs indigènes.

HISTOIRE DE BOURAHA,

Version donnée par le capitaine Carayon.

« *Bouraha* était un grand pêcheur de baleines dans une contrée éloignée. Ayant, un soir, perdu la terre de vue et ne pouvant retrouver sa route, il erra plusieurs jours au gré des vents et des flots, et arriva enfin, exténué de faim et de fatigue, dans une île habitée seulement par des femmes. Celles-ci, qui n'avaient pas fait vœu de chasteté, accueillirent avec empressement *Bouraha* et les siens, brisèrent leur pirogue pour

---

[1] *Histoire de l'établissement français de Madagascar, pendant la Restauration*, précédée d'une description de cette île et suivie de quelques considérations politiques et commerciales sur l'expédition et la colonisation de Madagascar, par L. Carayon; capitaine d'artillerie et ancien commandant, par intérim, dudit établissement. 1 vol. in-8°, chez Gide, 1845.

[2] Les premières explorations de Madagascar ont été faites par M. Alfred Grandidier, de 1865 à 1870.

les mettre dans l'impossibilité de s'en retourner, et usèrent
sans ménagement de leur bonne fortune. Notre héros, ayant
vu successivement tous ses compagnons mourir à la peine et
voulant se soustraire à des exigences qui menaçaient également
ment sa vie, se cacha dans les rochers du rivage, d'où il ne
sortait que la nuit pour pourvoir à sa subsistance. Interpellé
un soir par un énorme poisson sur le motif qui le faisait sortir
à une heure aussi indue, il lui raconta sa mésaventure et lui
témoigna son chagrin de ne pouvoir s'échapper. « Montez,
« répliqua le poisson, montez sur mon dos, et, si vous me
« promettez de me fournir abondamment de coquillages, je
« vous déposerai sur la première terre que nous rencontre-
« rons. » C'est ainsi que *Borahu* arriva à l'île Sainte-Marie, à
laquelle il donna son nom, et y introduisit l'art de construire
les grandes pirogues en planches et celui de les appliquer à
la pêche du baleineau. »

Telle est, en substance, l'histoire de *Borahu*, d'après la
version du capitaine Carayon. Elle avait été racontée anté-
rieurement à M. l'abbé Dalmond, préfet apostolique de Madagascar; et celui-ci, en 1842, c'est-à-dire trois ans avant la
publication du livre du capitaine Carayon, l'a insérée dans
son ouvrage intitulé : *Vocabulaire et grammaire pour les langues
malgaches, sakalave et betsimitsara* [1]. Nous allons reproduire
fidèlement et sans la moindre modification le texte betsimisarake de l'abbé Dalmond, en l'accompagnant d'une trans-
cription conforme à l'orthographe malgache universellement
adoptée dans tous les livres qui s'impriment maintenant à
Tananarivou, et qui est proprement l'orthographe hova.

[1] *Vocabulaire et grammaire pour les langues malgaches, sakalave et betsimitsara* (sic), par M. l'abbé Dalmond, préfet apostolique de Madagascar.
1 petit volume in-8°. Ile Bourbon, imprimerie de Lahuppe, à Saint-Denis,
1842.

Texte
d'après l'orthographe betsimisarake.

BURAHE.

I Ra-Burahe nandea niveranu, nahita trazu nitumbu anazi : n'indusin truzun-hiu ni lakan zareo, bark umbi alutru-be. Zareo an dakan nivolan : tusu ti tadi. I Ra-Burahe nivola : Hehe, huzi, tsi tusa ku ni tadi, inu eveza ku rano, amini ton tru avi. Zareo umbi lavitsh-be, zareo nahita tane, nituza zareo ni tadi : zareo nandea tikiaratsh tane-hiu. Tsisi leilahe samba reik ; viave tsintresh : tsiela, zareo lalahe amini Ra-Burahe, mate ziabi. I Ra-Burahe reik fua tavela; hizi niteren an tranghu n' antivave, natou anazi anghatin vatra. Isan ni andru-ale, hizi nandea naminta. Andru reik hizi nivola : Zaho andea naminta bark rui andru : rui andru lasa, hizi avi, numbi tan tsirangha; hizi nahita Surukei, nivolan amin azi : izikua anau amunu zaho, mandeana anau; izikua tia anau mamelu zaho, mipetraha. Surukei nipetraka. I Ra-Burahe nalak kakzube, natouni amini tahezen ni Surukei : aviteu hizi nandea tan ranu, nivolan tamini antivave hiu : zaho andea; manghanu tsarabe anau : he, hui antivave-hiu : anu umbi hanghu tsarabe anau. Nandea I Ra-Burahe, nakatsh ambuni ni Surukei : hizi losu,

Texte d'après l'orthographe malgache
généralement adoptée.

BORAHA.

I Ra-Boraha nandeha nive, nahita trózona nitombok' anazy. Indaosina trózona io ny lákana za reo mbáraka omby argy alaotra. Zareo an'dakana nivolana : « Tóso ny tady ! » I Ra-Boraha nivolana : « Hehe, ho'zy, tsy tosa ko ny tady, ino ivézan'ko amy ny taona ko avy ? » Zareo omby lavitra-be, zareo nahita tany, nitosa zareo ny tady; zareo nandeha tafiakatra tany io. Tsisy lehilahy samba raiky, viavy tsintra. Tsy ela zareo lehilahy amin' I Ra-Boraha maty ziaby, I Ra-Boraha raiky foana tavela. Izy nitoéra an trargo n'antibavy, natao anazy argaty ny vatra. Isan' andro-alina izy nandeha ho mamintana. Andro raiky izy nivolana : « Zaho handeha ho mamintana mbáraka roa andro ». Roa andro lasa, izy avy; nahomby targy serargana, izy nahita Sorokay. Nivolan' amin' azy : « Izikóa anao hamono zaho, andeha anao ! izikoa tia anao mamélona Zaho, mipetraha ! » Sorokay nipetraka. I Ra-Boraha nálaka kakazo be, nargatao amy ny tahézana ni Sorokay; aviteo izy nandeha tan' drano, nivolana amin' antibavy io : « Zaho mandeha, margano tsara be anao ! » — « He, hoy antibavy io, anó omby argy tsarabe anao ! » Nandeha I Ra-Boraha nakatra ambony bark numbi ta Nosi-Burahe. Hizi niditsh tan kuala. Avi n'hulun nandea tirantu, nahita Surukei, milaza tan tana : misi raha be ankou ankuhala : avi ni hulun maru, nitunra lakan nahita i Ra-Burahe : ravaravu zareo. Aveu Ra-Burahe nivolan : tihinu ranu zaho. Surukei nivolan tamin azi : tumbua tunru ni ara : nanun zen i Ra-Burahe : avi ni ranu tsarabe, ninun hizi miaru hulun maru-be. I Ra-Burahe nivolan tamin zareo : Surukei namelun zaho, nitunra anahe tanketu; hizi baba ku, hizi nini ku, hizi ava ku, hizi tumpu ku, anu zaha tsarabe amin azi. Namin zareo ani maru : tsi nihinan hizi. Avitankeu zareo nalak ima, nami zareo anazi : hizi nihina bark buki : hizi nandea. Avitankeu Ra-Burahe nivolan : anareo ziabi ava ku, tia zaho; aza oma ni Surukei barkize : hizi fadi.

Vita.

ny Sorokay. Izy loso mbáraka nahomby Nosi-Boraba; izy niditra amin' koala. Avy ny olona nandeha ty ranta, nahita Sorokay, milaza añ-tanána : « Misy raha be angy ankoala ! » Avy ny olona maro, itonrana lakana hahita I Ra-Boraha, ravoravo zareo. Aviteo Ra-Boraha nivolana : « Ti-hinondráno zaho ! » Sorokay nivolana amin' azy : « Tombakáo tondro ny haranga ! » Nanao zany I Ra-Boraha; avy ny rano tsarabe, ninon izy miharo olona maro. I Ra-Boraha nivolana amin' zareo : « Sorokay namelon' ahy, nitondra ahy andrak' eto. Izy baba ko, izy neny ko, izy hávana ko, izy tompo ko; anó raha tsarabe amin azy ! » Nangamy zareo hanina maro, tsy nihinana izy. Avitankeo zareo nálaka hima nangamy zareo anazy. Izy nihinana mbáraka voky, izy nandeha. Avitankeo Ra-Boraha nivolana : « Anareo ziaby hávana ko tiavo zaho ! Aza hômana ny Sorokay ambarakizay, izy fady !

Vita.

OBSERVATIONS.

La comparaison de ces deux textes, mis en regard l'un de l'autre pour plus de commodité, nous amène à formuler les observations suivantes relatives aux principales différences d'orthographe qu'on y constate *a priori*.

1° Notre lettre *u* représente un son inconnu des Malgaches et conséquemment ne fait pas partie de leur alphabet; partout où cette lettre se rencontre dans le texte de M. l'abbé Dalmond, il faut la prononcer *ou*. Mais, dans le malgache, il est universellement admis aujourd'hui que ce son *ou* s'écrit à l'aide de notre voyelle *o* sans accent. Si l'on voulait figurer le son *o*, il faudrait surmonter cette lettre d'un accent aigu.

2° Dans le système orthographique en usage, l'*i* final des mots doit toujours s'écrire *y*. Ainsi, *anazy, omby, tady, amy, avy,* etc., et non *anazi, ombi, tadi, ami, avi,* etc.

3° Tous les mots, en malgache, finissent par une voyelle, et toute consonne a sa voyelle inhérente. Le malgache n'admet pas le redoublement d'une consonne dépourvue de voyelle, il n'admet pas non‑plus deux consonnes différentes se suivant sans voyelle interposée, à moins qu'elles ne soient précédées d'une nasale. Des terminaisons de mots telles que *tsh, trsh,* ne sont donc pas correctes; et, en les écrivant, M. l'abbé Dalmond a rendu de son mieux, mais imparfaitement, des articulations composées que les Malgaches ont une manière particulière de prononcer et qu'il est impossible de rendre complétement avec nos caractères alphabétiques. Il est à remarquer d'ailleurs que chacune des articulations composées *dr, tr, ts,* s'écrivait autrefois avec une seule lettre, comme le prouvent les manuscrits arabico-malgaches conservés, au nombre de neuf, dans notre Bibliothèque nationale. C'est ainsi que le javanais a précisément dans son alphabet la cérébrale ꦝ, lettre forte, corrélative du ꦢ (*d* ordinaire), qui figure la dentale ꦢ modifiée par l'application de l'extrémité de la langue contre le palais, et aussi la cérébrale ꦛ, lettre forte corrélative du ꦠ (*t* ordinaire), qui représente la dentale ꦠ modifiée par l'application de l'extrémité de la langue contre le palais.

4° Les syllabes finales *ka, tra, na,* du malgache, sont appelées muettes, parce que souvent elles se suppriment; mais cette suppréssion totale ou partielle ne peut avoir lieu qu'en conformité de règles euphoniques indiquées dans notre grammaire malgache[1]. Dans le texte de M. l'abbé Dalmond, ces

---

[1] *Grammaire malgache,* fondée sur les principes de la grammaire javanaise, par Marre de Marin. 1 vol. in-8° de 126 pages. Chez Maisonneuve. Paris, 1876. Cette grammaire malgache est la première qui ait été publiée

règles sont constamment enfreintes ou plutôt inappliquées, faute d'être connues. Dès la première phrase, on lit *nitumbu anazi*, au lieu de *nitombok' anazy*. Le mot *tombokă* signifie proprement « coup de sagaie ». En donnant à cette racine la préfixe verbale *mi*, on en fait le verbe *mitomboka*, « sagayer, donner des coups de sagaie »; pour exprimer le temps passé, il suffit de changer l'initiale *m* de la préfixe en *n*, et l'on a ainsi le passé *nitombokă*. Mais ce verbe, se terminant par l'une des trois syllabes muettes *ka, tra, na*, et se trouvant suivi immédiatement d'un mot commençant par une voyelle, doit perdre seulement sa voyelle finale, et il faut écrire *tombok' anazy*. Si, au lieu d'une voyelle, l'initiale du mot qui suit *tomboka* eût été une des sept consonnes *f, h, l, r, s, v, z*, la terminaison *ka* eût disparu tout entière et ces consonnes initiales auraient été changées, savoir : *f* en *p*, *h* en *k*, *l* en *d*, *r* en *dr*, *s* en *ts*, *v* en *b*, *z* en *j*. De même *foana tavela*, bien que la voyelle finale de *na* ne se fasse pas sentir dans la prononciation, ne peut jamais s'écrire *fua tavela*, comme le porte le texte de M. l'abbé Dalmond; cette suppression radicale de la syllabe *na* est, dans ce cas, contraire aux règles de la grammaire malgache et aux lois euphoniques. Mais il serait inutile d'insister plus longtemps sur les défectuosités orthographiques que présente le texte de M. l'abbé Dalmond. Cela n'a rien d'ailleurs qui puisse étonner quand on a lu la petite grammaire malgache condensée en dix-huit pages que le vénérable auteur a insérée dans son vocabulaire sakalave et betsimisarake; car cet opuscule est encore plus erroné que le texte dont nous nous occupons en ce moment. Il suffit de dire que M. l'abbé Dalmond a complétement ignoré l'existence des particules affixes dans le malgache, et particulièrement l'emploi des préfixes verbales qui sont comme la clef de voûte du malais, du javanais, du malgache et de tous les idiomes issus du *Grand-polynésien*; c'est ainsi que, n'ayant

en Europe; elle est présentement en usage à *La Réunion* et à *Mayotte*, où elle a été introduite par M. le Ministre de la marine sur la demande des Conseils coloniaux de ces deux îles.

pu reconnaître dans le malgache les préfixes verbales *man,*
mang, mañ, mam, mi, qui correspondent exactement aux
préfixes usitées en malais et en javanais, M. l'abbé Dalmond
a cru de bonne foi que « la plupart des verbes malgaches com-
mençaient par *m* à l'infinitif, et qu'il y avait deux conjugai-
sons : la première pour les verbes précédés du sujet, la seconde pour les verbes qui en sont suivis. »

Plutôt que de prolonger la démonstration d'un fait incon-
testable et incontesté, nous aimons mieux prendre dans le
texte malgache une vingtaine de mots-racines, et mettre en
évidence leur identité avec les mots correspondants des principaux idiomes de la Malaisie. Cette simple page de texte va
nous fournir l'occasion de faire sentir toute l'importance
qu'aurait un vocabulaire comparatif complet du malgache et
des idiomes des archipels de la Sonde, des Moluques et des
Philippines [1].

1. BOIRE. En malgache, *minona* (prononcez *minoună*); en
javanais et en sounda, *inoum;* en malais, *mīnoum;* en battak,
minoum; en dayak (Bornéo), *mananoum* « emplir d'eau »; en
makassar, *inoung;* en bouguis, *minoung;* en tagala et en bisaya, *inoum.*

2. BOIS. En malgache, *hazou;* en javanais et en sounda,
kayou; en malais et en dayak, *kayou;* en battak, *hayou;* en
makassar, *kayou;* en bouguis, *hadjou;* en tagala et en bisaya,
kahong; chez les Alfoures, *kadjou.*

3. COFFRE. En malgache, *vata;* en javanais, *peṭi;* en
sounda, *peti;* en malais, *peti;* en battak, *poti;* en dayak, *pati;*
en makassar et en bouguis, *patti.*

4. CORDE. En malgache, *tady,* et chez les Sakalaves, *taly;*

---

[1] L'intérêt de cette étude, que nous avons l'espoir de mener à bonne fin,
apparaîtra plus grand encore, quand on saura que le malgache n'a de racines
communes avec les langues issues du grand-polynésien que celles qui sont
étrangères au sanscrit, c'est-à-dire les racines antérieures à l'introduction
de l'hindouisme dans Java et l'archipel indien.

en javanais et en sounda, *tali;* en malais, *tāli;* en battak, *tali;* en dayak, *tāli;* en makassar et en bouguis, *tali;* en tagala, *tali* (ligature); en bisaya, *talika* « attacher ».

5. DEUX. En malgache, *roua* et *rouy;* en javanais, *ro;* en sounda, *douwa;* en malais, *doua;* en battak, *douwa;* en dayak, *douai;* en makassar, *rouwa;* en bouguis, *douwa;* en tagala, *dalawa;* en bisaya, *deha;* en kawi, *douwi;* en polynésien, *oua* et *loua;* en hova, on dit *kiroaroa,* et dans les provinces, *kiroiroy,* pour « mis par deux, mis deux à deux »; en javanais, on dit *karoron.*

6. EAU. En malgache, *ranou;* en javanais, *ranou* « étang, amas d'eau »; en sounda, *danou;* en malais, *dānao,* et aussi *ranou;* en battak, *danou* « étang »; en dayak, *danoum;* en tagala et en bisaya, *danao;* en nias, *idaneu* « étang ».

7. GENS. En malgache, *ouloună;* en javanais, *ouloun* « sujet, soumis, je, moi, nous »; en malais, *orang;* en dayak, *olo, olon;* en kawi, *ouloun* « sujet, soumis, je, moi, nous ».

8. ÎLE. En malgache, *nosy;* en javanais et en sounda, *nousa;* en kawi, *nousya;* c'est la racine *poulo* « île », qui est usitée en malais, en lampong, en battak, en bâli, en madoura, en tagal et en bisaya, et qui est même employée en javanais et en sounda, concurremment avec *nousa,* de provenance kawi.

9. JOUR. En malgache, *androu;* en javanais et en sounda, *hari;* en malais, *hari;* en battak, *hari;* en dayak, *andao;* en makassar, *allo;* en bouguis, *assou;* en tagala, *alaou;* en bisaya, *adlaou.* Un fait curieux à noter se présente ici : c'est la coexistence de deux racines distinctes, l'une sanscrite (*hari* « le soleil »), et l'autre grand-polynésienne, conservée dans le malgache et les idiomes de Bornéo, de Célèbes et des Philippines.

10. MAÎTRE. En malgache, *tompou;* en javanais, *empou* est un titre qui se place devant les noms des grands person-

nages; en malais, *ampou* et *peng-ampou;* en battak, *ompou;*
en dayak, *tempou;* en makassar, *tompou* et *opou;* en bouguis,
tôppou; à Amboine, Bourou, Ceram, Gilolo, on emploie le
mot *opou;* chez les Alfoures, on dit *ôpo* et *ôpou;* à Louwou,
ôpou est le titre du prince; à Saleyer, c'est le titre de douze
chefs qui appellent eux-mêmes *ôpou-bakka* « grand maître ou
grand seigneur » le gouverneur hollandais de l'île Célèbes
et dépendances.

11, MÂLE, MARI, en parlant de l'espèce humaine. En
malgache, *lahi;* en javanais, *laki;* en sounda, *lalaki;* en malais *lāki;* en battak, *laki;* en makassar, *laki;* en bouguis, *laï*
ou *kalaki;* en tagala et en bisaya, *lalaki.*

12. MÈRE. En malgache, *réni;* en kawi, *réna* « mère ». Il
est tout à fait remarquable que cette racine kawi n'a été conservée dans aucun des idiomes de l'archipel indien, et qu'elle
ne se rencontre plus que dans le malgache.

13. MOI. En malgache, *ahou* et *kou;* en javanais et en
sounda, *akou;* en malais, *akou,* et, par contraction, *kou,*
quand ce pronom personnel joue le rôle d'adjectif possessif;
en battak, *ahou;* en dayak, *akou;* en makassar et en bouguis,
kou; en tagala et en bisaya, *akou;* en polynésien, *aou* et *aki.*

14. MORT, MOURIR. En malgache, *maty;* en javanais,
mati « mourir », et *pati* « mort »; en malais, *māti.* « mort, mourir »; en battak, *maté;* en dayak, *matey;* en makassar et
en bouguis, *maté;* en tagala et en bisaya, *patay;* en polynésien, *maté;* chez les Lampong, *mati;* à Bali, *mati;* en madoura, *pati.*

15. PÈRE. En malgache, *baba;* en javanais, *bapa* et *bapak;* en sounda, *bapa;* en malais, *bapa* et *bapak;* en battak,
bapa; en dayak, *bapa;* en makassar et en bouguis, *bapa;* en
tagala et en bisaya, *bapa;* en bâli, *bapa;* en madoura, *bopa.*

16. PIQUE, SAGAIE. En malgache, *toumbokă;* en javanais
et en sounda, *toumbak;* en malais, *toumbak;* en battak, *tem-*

bak « lancer la sagaie »; en dayak, *toumbak;* en makassar et en bouguis, *toumba;* en tagala et en bisaya, *toumbok.*

17. PLEINE MER, HAUTE MER. En malgache, *alaoutra;* en javanais et en sounda, *laout;* en malais, *laout;* en battak, *laout;* en dayak, *laout,* « rivage »; en makassar, *lâou;* en tagala, *laot,* « la haute mer »; en bouguis, *tâsi,* en dayak, *tasik,* en bisaya, *tasik,* signifient « mer »; en kawi, *laout* et *tasik* signifient, l'un et l'autre, « mer »; en madoura, ces deux termes ont encore cette même signification. Ces deux termes se retrouvent dans les noms des deux lacs les plus remarquables de l'île de Madagascar : le lac *Alaoutra,* le plus grand de tous, situé dans la vallée antsianake, et le lac *Tasy* ou *Tasik* qui n'est situé qu'à dix lieues O. S. O. de Tananarivou.

18. ROCHE DE CORAIL. En malgache, *harangă;* en javanais et en sounda, *karang;* en malais, *karàng;* en battak, *harang;* en dayak, *karangan;* en makassar et en bouguis, *karang.*

19. TERRE. En malgache, *tany;* en javanais, *tanah;* en sounda, *taneuh;* en malais, *tanah;* en battak, *tano;* en dayak, *tanah;* en makassar et en bouguis, *tana;* à Bali et à Madourah, on dit *tanah.*

20. TUER. En malgache, *vounou;* en javanais, *bounouh;* en sounda, *bounouh* « couper une chose et l'ouvrir »; en malais, *bounouh;* en battak, *bounou;* en dayak, *pouno* « percer avec une lance »; en makassar, *bouno;* en bouguis, *ouno;* en tagala et en bisaya, *bounou* « se battre ».

21. Il y a, dans les verbes malgaches, un mode prohibitif ou vétatif, absolument comme en malais et en javanais. Le malais emploie le mot *jāngan,* et le javanais le mot *aja,* pour indiquer ce mode. On pourrait traduire ces deux mots par « garde-toi de, gardez-vous de ». Le malgache a conservé intact le mot *aja* du javanais et il l'écrit *aza.* C'est ainsi que notre histoire de Bouraha se termine par ces mots : *Aza oma !*

« gardez-vous de manger! ne mangez pas! » Mais il est temps
d'en donner la traduction littérale.

RA[1]-BOURAHA,

Histoire betsimisaraka[2].

Ra-Bouraha partit en mer, monté sur sa pirogue; il aperçut une baleine et la zagaya; mais la pirogue fut emportée
par la baleine jusque dans la haute mer. Les gens de la pirogue disaient : « Coupe la corde! » *Ra-Bouraha* répondit :
« Non, je ne couperai pas la corde, comment irais-je en mer
l'année prochaine[3] ? » Quand ils furent arrivés très-loin, ils
virent une terre; alors, ils coupèrent la corde et abordèrent.
Sur cette terre, il n'y avait pas un seul homme, rien que des
femmes. Peu de temps après, tous les compagnons de *Ra-
Bouraha* étaient morts et il restait tout seul[4]. Il demeura dans
la case d'une vieille femme qui le mit dans un coffre. Chaque
nuit, il allait pêcher à l'hameçon. Un jour, il dit : « Je vais
partir à la pêche pour deux jours! » Au bout de ce temps,
il revint; mais, à l'entrée du port, il aperçut un dauphin.

[1] *Ra* est une particule que l'on met devant les noms propres en signe de
respect et de déférence : *Ra-Dama* ou *Radama*, *Ra-Faralahy* ou *Rafaralahy*,
un des principaux officiers de Radama, roi des Hovas, *Ra-Dilofera* ou *Radi-
lofera*, et *Ra-Bibisoa* ou *Rabibisoa*, deux jeunes Malgaches de distinction
que nous avons connus à Paris.

[2] La véritable orthographe de ce mot est *Betsimisaraka*, qui se décom-
pose ainsi : *Be-tsy-misaraka*, et signifie à la lettre «beaucoup qui ne se
séparent pas, grand nombre d'unis ou confédérés»; et, en effet, les Betsimisaraka formaient, avant d'être soumis par les Hovas, une sorte de confé-
dération des diverses peuplades de la côte orientale de Madagascar, de Ta-
matave à la baie d'Antongil. L'abbé Dalmond fait donc erreur quand il
écrit *Betsimitsara*, et quand il donne, pour signification de ce nom, «beaucoup ne vont pas ensemble»; c'est le contraire qu'il fallait dire.

[3] «...Ces pescheurs m'ont dit qu'au temps passé leurs ancestres pes-
choient des baleines; mais qu'à présent il ne se trouve plus d'hommes qui
osent et sçachent l'entreprendre.» (*Histoire de l'isle Madagascar*, par Fla-
court, 1661, p. 107.)

[4] Ce fait anormal n'a plus besoin de commentaire, le récit fort clair du
capitaine Carayon l'explique suffisamment.

«Si tu veux me tuer, dit-il, va-t-en! Si tu veux me sauver, reste!» Et le dauphin resta. *Ra-Bouraha* prit alors une grande pièce de bois et la posa sur le dos du dauphin, puis, sortant de l'eau, il s'en alla vers la vieille et lui dit : «Je pars, porte-toi bien!» — «Merci, répondit la vieille, je te souhaite un heureux voyage.» *Ra-Bouraha* monta sur le dauphin et il continua de s'avancer ainsi jusqu'à ce qu'il fût arrivé à *Nossi-Bouraha*.

Comme il entrait dans la baie, des gens qui étaient venus sur le rivage virent le dauphin et s'en allèrent dire au village : «Grandes nouvelles dans la baie!» Une multitude de gens, montés sur des pirogues, accoururent, témoignant une grande joie à la vue de *Ra-Bouraha*. Parvenu au rivage, *Ra-Bouraha* dit : «Je voudrais boire de l'eau.» — «Fais un trou dans ces roches de corail,» lui dit le dauphin. *Ra-Bouraha* le fit, et, tout aussitôt, jaillit une eau excellente, dont il but avec la multitude qui l'entourait. *Ra-Bouraha* leur dit : «Le dauphin m'a sauvé, il m'a porté jusqu'ici. Pour moi, c'est un père, c'est une mère, c'est un ami, c'est un maître. Traitez-le parfaitement bien!» Ils lui donnèrent des vivres en abondance, mais il n'en mangea point. Ils prirent alors des *kima*[1] et les lui présentèrent. Il en mangea jusqu'à ce qu'il fût pleinement rassasié, puis il partit. *Ra-Bouraha* dit : «Tous, vous êtes mes amis et mes parents; ne mangez jamais le dauphin : il est sacré.»

---

[1] Le *kima*, du malais *kima*, en sounda, *kima*, en battak, *hima*, est le nom d'un très-grand coquillage de mer que nos marins appellent *bénitier* et les naturalistes *chama gigas*, et quelquefois *chame* ou *came*. (Voyez notre *Petit vocabulaire des mots malais francisés par l'usage*, opuscule d'abord publié à Rome par les soins du prince Boncompagni, et dont une seconde édition a paru sous le titre de *Kwakala-malayou*, chez Maisonneuve, 1875.)

www.ingramcontent.com/pod-product-compliance
Lightning Source LLC
LaVergne TN
LVHW050226060726
842525LV00007B/2548